I0504680

MEILLEURES TECHNIQUES POUR INVESTIR DANS L'OR

Sylvain MILON

Tous droits réservés.

Droits de reproduction : Les droits de diffusion et de reproduction de ce livre sont la propriété exclusive de son auteur. Vous ne pouvez ni le distribuer gratuitement (partiellement ou en totalité), ni le reproduire que ce soit électroniquement ou sous format imprimé ou photocopié sous peine de poursuites pénales.

Notice légale : Cet ouvrage ne fait qu'exprimer l'opinion de l'auteur sur le sujet. L'auteur n'est pas avocat ni conseil juridique. L'auteur se dégage donc de toute responsabilité pour tous litiges qui pourraient être dus directement ou indirectement à l'information présentée dans ce livre. Il vous conseille de prendre contact avec un professionnel si vous désirez des conseils adaptés à votre cas précis.

Copyright © Sylvain MILON

SOMMAIRE

INTRODUCTION

"Meilleures Techniques pour Investir dans l'Or" est un guide exhaustif qui vise à fournir à ses lecteurs les connaissances et les compétences nécessaires pour naviguer avec succès dans le monde complexe et souvent volatil de l'investissement en or. Cet ouvrage s'adresse à tous, du débutant curieux au professionnel chevronné cherchant à diversifier son portefeuille.

Le livre commence par une exploration détaillée de l'or en tant que produit, en discutant de son histoire, de son rôle dans l'économie mondiale, et de sa place dans le système financier moderne. Nous examinons également les diverses raisons pour lesquelles les gens choisissent d'investir dans l'or, allant de la protection contre l'inflation à la spéculation sur la hausse des prix.

Nous passons ensuite en revue les différentes façons d'investir dans l'or, notamment l'achat de lingots et de pièces, les actions de sociétés minières, les contrats à terme et les options sur l'or. Nous explorons également le monde en pleine croissance de l'or numérique, y compris les crypto-monnaies adossées à l'or.

La deuxième moitié du livre est consacrée à développer votre propre stratégie d'investissement en or. Nous discutons des techniques d'analyse du marché de l'or, des stratégies d'investissement à court et à long terme, et des risques potentiels liés à l'investissement en or. Nous explorons également les questions de législation et de fiscalité, et discutons de l'importance de la diversification de votre portefeuille.

Enfin, nous concluons par une série de cas d'étude, examinant à la fois les succès et les échecs dans le domaine de l'investissement en or. Ces histoires réelles offrent des leçons précieuses et une perspective unique sur le monde de l'investissement en or.

"Meilleures Techniques pour Investir dans l'Or" est plus qu'un simple guide d'investissement. C'est une exploration profonde et perspicace du rôle de l'or dans notre économie et dans notre société, et une feuille de route pour naviguer dans ce marché complexe avec confiance et succès.

CHAPITRE 1: COMPRENDRE L'OR : UNE INTRODUCTION HISTORIQUE ET ÉCONOMIQUE

L'or est l'un des plus anciens métaux précieux connus de l'humanité, et il joue un rôle essentiel dans l'économie mondiale depuis des millénaires. Ce chapitre vise à vous donner une compréhension de l'importance historique et économique de l'or.

L'or est apprécié pour sa beauté, sa durabilité, et son caractère inaltérable. Il ne rouille pas, ne ternit pas, et résiste à la plupart des acides. Les anciens Égyptiens le considéraient comme un métal divin, et il a été utilisé pour orner des temples, des tombeaux, et des objets sacrés depuis les temps préhistoriques.

Cependant, l'or n'est pas seulement un métal précieux utilisé en joaillerie ou en décoration. C'est aussi un actif financier de premier plan qui a influencé le cours de l'histoire économique.

La première utilisation documentée de l'or en tant que moyen d'échange remonte à l'Empire lydien, en Asie Mineure, autour de 600 avant JC. Les Lydiens ont frappé les premières pièces d'or, créant une forme de monnaie qui a révolutionné le commerce et l'économie.

L'or a continué à jouer un rôle essentiel dans le système monétaire mondial tout au long de l'histoire. Sous le système de l'étalon-or, la valeur des monnaies était directement liée à une quantité spécifique d'or. Bien que l'étalon-or ne soit plus en vigueur aujourd'hui, l'or reste un actif financier important.

En termes économiques, l'or est souvent considéré comme une valeur refuge en période d'incertitude financière ou économique. Quand les marchés boursiers sont volatils, ou quand l'inflation est élevée, les investisseurs se tournent souvent vers l'or comme un moyen de préserver leur richesse.

C'est en partie parce que l'or a une valeur intrinsèque. Contrairement à la monnaie fiduciaire, qui tire sa valeur de la confiance que les gens ont dans le gouvernement qui l'émet, l'or a une valeur en soi. Il est rare, il est difficile à extraire, et il a une demande constante pour des utilisations en bijouterie, en industrie, et en technologie.

En plus de sa valeur intrinsèque, l'or est aussi un actif non corrélé. Cela signifie que son prix ne suit pas nécessairement le mouvement des marchés boursiers ou obligataires. Cela en fait un excellent outil de diversification pour les investisseurs.

Comprendre l'or, son histoire, et son rôle dans l'économie est essentiel pour quiconque souhaite investir dans ce métal précieux. En ayant une appréciation de l'importance de l'or, vous serez mieux équipé pour comprendre comment il peut jouer un rôle dans votre stratégie d'investissement globale.

En conclusion, l'or n'est pas seulement un métal précieux, c'est aussi un actif financier important avec une histoire riche et une importance économique significative. Sa capacité à conserver sa valeur dans le temps, à agir comme une valeur refuge en période d'incertitude, et à diversifier un portefeuille d'investissement en fait un choix attrayant pour de nombreux investisseurs. Dans les chapitres suivants, nous examinerons plus en détail comment vous pouvez investir dans l'or, les stratégies que vous pouvez utiliser, et les risques et les avantages potentiels que vous pourriez rencontrer.

CHAPITRE 2: LES RAISONS D'INVESTIR DANS L'OR

L'investissement en or n'est pas un concept nouveau. Au fil des siècles, l'or a été apprécié pour sa beauté, sa rareté et sa durabilité, mais aussi pour ses avantages en tant qu'actif financier. Il existe de nombreuses raisons pour lesquelles vous pourriez envisager d'investir dans l'or. Dans ce chapitre, nous allons explorer certains des facteurs les plus pertinents qui rendent l'or attrayant pour les investisseurs.

Premièrement, l'or est considéré comme une valeur refuge en période d'incertitude économique. Lorsque les marchés financiers sont instables, ou lorsque la monnaie fiduciaire est menacée par l'inflation ou la dévaluation, les investisseurs ont tendance à se tourner vers l'or comme moyen de protéger leur patrimoine. L'or a tendance à conserver sa valeur, même en période de crise, ce qui en fait une option d'investissement attrayante pour ceux qui cherchent à minimiser leur exposition au risque.

Deuxièmement, l'or est un excellent outil de diversification de portefeuille. L'or a une faible corrélation avec d'autres classes d'actifs, ce qui signifie que les prix de l'or ne suivent pas nécessairement les mouvements des marchés boursiers ou obligataires. En incluant de l'or dans votre portefeuille, vous pouvez aider à réduire la volatilité globale de votre portefeuille et à protéger votre patrimoine contre les fluctuations des autres marchés.

Troisièmement, l'or a une demande mondiale constante. Que ce soit pour la joaillerie, l'industrie ou la technologie, il y a toujours une demande pour l'or. Cette demande constante aide à soutenir le prix de l'or et peut offrir des opportunités d'investissement intéressantes.

Quatrièmement, l'or est une ressource limitée. Il y a une quantité finie d'or sur Terre, et l'extraction de l'or est un processus coûteux et laborieux. Cette rareté contribue à la valeur de l'or et peut aider à soutenir les prix de l'or à long terme.

Enfin, l'investissement en or peut offrir des avantages fiscaux dans certaines juridictions. Dans de nombreux pays, les gains de capital réalisés sur l'investissement en or peuvent être exemptés d'impôts ou bénéficier d'un taux d'imposition favorable. Cela peut rendre l'or encore plus attrayant en tant qu'option d'investissement.

Cependant, il est important de noter que, comme tout investissement, l'investissement en or comporte des risques. Le prix de l'or peut fluctuer en raison de divers facteurs, y compris les changements dans l'offre et la demande, les fluctuations des taux de change, et les conditions économiques mondiales. Il est donc essentiel que vous fassiez vos propres recherches et que vous envisagiez de consulter un conseiller financier avant de prendre une décision d'investissement.

En conclusion, il existe de nombreuses raisons pour lesquelles l'investissement en or peut être une bonne stratégie pour diversifier votre portefeuille, protéger votre patrimoine en période d'incertitude économique, et profiter des opportunités d'investissement offertes par la demande mondiale et la rareté de l'or. Dans les chapitres suivants, nous examinerons plus en détail comment vous pouvez investir dans l'or, les stratégies que vous pouvez utiliser, et les risques et les récompenses potentiels que vous pourriez rencontrer.

CHAPITRE 3:
COMMENT ACHETER
DE L'OR : BARS,
COINS ET STOCKS

Investir dans l'or peut se faire de plusieurs manières, chacune avec ses propres avantages et inconvénients. Dans ce chapitre, nous examinerons trois des méthodes les plus courantes : l'achat de lingots d'or, de pièces d'or et d'actions de sociétés minières d'or.

Commençons par les lingots d'or. Les lingots d'or sont essentiellement des blocs d'or pur, et ils sont généralement disponibles en plusieurs tailles. L'achat de lingots d'or offre une façon tangible de posséder de l'or, et il est souvent considéré comme l'un des moyens les plus directs d'investir dans ce métal précieux. Cependant, il faut noter que l'achat de lingots d'or implique des coûts de stockage et d'assurance, et vous devrez également trouver un moyen sûr de les stocker.

Ensuite, il y a les pièces d'or. Les pièces d'or sont une autre façon populaire d'investir dans l'or physique. Elles sont généralement plus petites et plus faciles à manier que les lingots, et elles peuvent aussi avoir une valeur numismatique en plus de leur valeur en or. Cependant, comme les lingots, les pièces d'or nécessitent un stockage et une assurance appropriés. De plus, elles peuvent parfois être vendues avec une prime par rapport au prix de l'or sur le marché.

Enfin, il y a les actions de sociétés minières d'or. Investir dans des sociétés minières d'or est une façon indirecte d'investir dans l'or. Au lieu d'acheter de l'or lui-même, vous achetez des actions dans une entreprise qui extrait l'or. Cela peut offrir un certain nombre d'avantages, y compris la possibilité de profiter des augmentations du prix de l'or sans avoir à stocker ou à assurer l'or physique. Cependant, il faut noter que l'investissement dans des sociétés minières d'or comporte également des risques, car vous êtes exposé non seulement aux fluctuations du prix de l'or, mais aussi aux performances de l'entreprise elle-même.

Lorsque vous décidez d'investir dans l'or, il est important de faire vos propres recherches et de comprendre les avantages et les inconvénients de chaque méthode. Il peut également être utile de consulter un conseiller financier ou un expert en investissement en or pour obtenir des conseils personnalisés en fonction de votre situation financière et de vos objectifs d'investissement.

En conclusion, qu'il s'agisse d'acheter des lingots d'or, des pièces d'or ou des actions de sociétés minières d'or, investir dans l'or offre une variété d'options qui peuvent être adaptées à vos besoins et à votre tolérance au risque. Dans les chapitres suivants, nous examinerons plus en détail les stratégies d'investissement que vous pouvez utiliser pour maximiser votre potentiel de rendement et minimiser votre risque lors de l'investissement dans l'or.

CHAPITRE 4 : LE MARCHÉ DE L'OR ET SES TENDANCES

Comprendre le marché de l'or et ses tendances est une étape essentielle pour quiconque envisage d'investir dans ce métal précieux. Le prix de l'or est influencé par une multitude de facteurs, allant des conditions économiques mondiales aux niveaux de production et de demande. Dans ce chapitre, nous examinerons les principaux moteurs du marché de l'or et les tendances actuelles qui pourraient influencer votre stratégie d'investissement.

Tout d'abord, il est important de noter que le marché de l'or est véritablement mondial. L'or est extrait, vendu et acheté dans le monde entier, et son prix est généralement déterminé par le marché au comptant de l'or, où l'or est acheté et vendu en temps réel. Le London Bullion Market Association (LBMA) est l'un des principaux centres de trading d'or, mais il existe également des marchés importants à New York, Hong Kong, Shanghai et ailleurs.

Le prix de l'or est influencé par une variété de facteurs. Parmi ceux-ci, on trouve :

1. L'offre et la demande : L'or est une ressource limitée, et l'offre d'or provenant de l'exploitation minière ne peut pas toujours répondre à la demande. Lorsque la demande d'or est élevée et que l'offre est faible, le prix de l'or peut augmenter.

2. Les conditions économiques mondiales : Le prix de l'or est souvent influencé par la santé de l'économie mondiale. En période d'incertitude économique, la demande d'or en tant que valeur refuge peut augmenter, ce qui peut faire monter le prix.

3. Les taux d'intérêt : Le prix de l'or a souvent une relation inverse avec les taux d'intérêt. Lorsque les taux d'intérêt sont bas, l'or, qui ne génère pas de rendement, peut sembler plus attrayant. À l'inverse, lorsque les taux d'intérêt augmentent, les investisseurs peuvent préférer des actifs qui génèrent un rendement, ce qui peut faire baisser la demande d'or et donc son prix.

4. La valeur du dollar américain : Le prix de l'or est généralement libellé en dollars américains, il y a donc une relation inverse entre la valeur du dollar et le prix de l'or. Lorsque le dollar est fort, le prix de l'or tend à baisser, et vice versa.

5. Les tendances politiques et géopolitiques : Les conflits, les tensions politiques et les incertitudes peuvent également influencer le prix de l'or, car ils peuvent augmenter la demande d'or en tant que valeur refuge.

En ce qui concerne les tendances actuelles, on constate une demande croissante d'or de la part des banques centrales, notamment dans les pays émergents. De plus, la crise sanitaire mondiale et les incertitudes économiques qui en découlent ont conduit à une augmentation de la demande d'or en tant que valeur refuge.

En conclusion, il est crucial de comprendre le marché de l'or et les différents facteurs qui peuvent influencer le prix de l'or lors de l'élaboration de votre stratégie d'investissement. Un bon investisseur est un investisseur informé, et en comprenant le marché de l'or et ses tendances, vous serez mieux équipé pour prendre des décisions d'investissement éclairées.

CHAPITRE 5: STRATÉGIES D'INVESTISSEMENT À COURT TERME

L'investissement dans l'or à court terme nécessite une attention constante à l'évolution du marché et une compréhension solide des facteurs qui influencent le prix de l'or. Ces stratégies sont souvent utilisées par les investisseurs actifs, tels que les traders de jour ou les spéculateurs, qui cherchent à profiter des fluctuations à court terme des prix de l'or. Dans ce chapitre, nous allons examiner quelques stratégies d'investissement à court terme que vous pourriez envisager si vous cherchez à investir dans l'or sur une période relativement courte.

1. Le Trading à la Journée : Cette stratégie implique l'achat et la vente d'or au sein d'une seule journée de trading. L'objectif est de profiter des fluctuations de prix qui se produisent tout au long de la journée. Le trading à la journée nécessite une surveillance constante du marché et une réaction rapide aux changements de prix.

2. Le Swing Trading : Le swing trading est une stratégie à court

terme qui implique l'achat et la vente d'or sur une période de quelques jours à quelques semaines. Les swing traders cherchent à profiter des tendances de prix à court terme et utilisent souvent l'analyse technique pour identifier les opportunités de trading.

3. L'Arbitrage : L'arbitrage consiste à tirer profit des différences de prix de l'or sur différents marchés. Par exemple, si l'or se vend à un prix plus élevé sur un marché par rapport à un autre, un arbitrageur peut acheter de l'or sur le marché où le prix est plus bas et le vendre sur le marché où le prix est plus élevé pour réaliser un profit.

4. Le Trading sur Marges : Le trading sur marges implique l'emprunt d'argent pour augmenter le montant d'or que vous pouvez acheter. Cela peut potentiellement augmenter vos profits, mais cela augmente également le risque de pertes si le prix de l'or diminue.

Il est important de noter que les stratégies d'investissement à court terme impliquent généralement un niveau de risque plus élevé que les stratégies d'investissement à long terme. Les prix de l'or peuvent être volatils à court terme, et il est possible de perdre une partie ou la totalité de votre investissement. De plus, certaines de ces stratégies nécessitent des compétences avancées et une connaissance approfondie des marchés financiers.

Avant de vous lancer dans l'investissement à court terme dans l'or, il est important de bien comprendre les risques associés et de vous assurer que vous êtes à l'aise avec le niveau de risque que vous prenez. Il peut être utile de consulter un conseiller financier ou un expert en investissement en or pour obtenir des conseils adaptés à votre situation financière et à vos objectifs d'investissement.

En conclusion, alors que l'investissement à court terme dans l'or peut offrir des opportunités de profit, il nécessite une surveillance constante du marché, une compréhension solide des facteurs qui influencent le prix de l'or, et une tolérance au risque élevée. Dans le prochain chapitre, nous examinerons les stratégies d'investissement à long terme dans l'or.

CHAPITRE 6: STRATÉGIES D'INVESTISSEMENT À LONG TERME

L'investissement à long terme dans l'or est souvent utilisé comme une stratégie de préservation du patrimoine et de diversification du portefeuille. Contrairement à l'investissement à court terme, qui cherche à profiter des fluctuations de prix à court terme, l'investissement à long terme dans l'or vise à profiter de la tendance générale à la hausse du prix de l'or sur une période de plusieurs années. Dans ce chapitre, nous examinerons certaines des stratégies d'investissement à long terme que vous pourriez envisager si vous cherchez à investir dans l'or sur une période plus longue.

1. L'achat et la conservation d'or physique : L'achat d'or physique sous forme de lingots ou de pièces est une stratégie d'investissement à long terme populaire. Cela vous permet de posséder l'or directement et de bénéficier de toute augmentation de la valeur de l'or au fil du temps. Cependant, cette stratégie implique des frais de stockage et d'assurance, et nécessite un moyen sûr de stocker l'or.

2. L'investissement dans les fonds indiciels sur l'or : Les fonds indiciels sur l'or, comme les ETFs (Exchange Traded Funds), permettent d'investir dans l'or sans avoir à posséder l'or physique. Ces fonds suivent généralement le prix de l'or et offrent une façon pratique d'investir dans l'or, sans avoir à vous soucier du stockage ou de l'assurance.

3. L'investissement dans les actions minières d'or : Investir dans les actions de sociétés qui extraient l'or est une autre stratégie d'investissement à long terme. Cette stratégie vous permet de profiter de l'augmentation de la valeur de l'or, tout en ayant également la possibilité de profiter de la réussite de l'entreprise minière.

4. Le Dollar Cost Averaging (DCA) : Le DCA est une stratégie qui implique d'investir une somme fixe d'argent dans l'or à intervalles réguliers, indépendamment du prix de l'or. Cela permet de réduire l'impact des fluctuations de prix à court terme et peut être une bonne stratégie pour les investisseurs à long terme.

Il est important de noter que, bien que ces stratégies d'investissement à long terme puissent aider à réduire le risque associé à la volatilité des prix de l'or à court terme, elles ne sont pas sans risque. Comme pour tout investissement, il est possible de perdre une partie ou la totalité de votre investissement, et le passé ne garantit pas les performances futures.

En conclusion, l'investissement à long terme dans l'or peut être une stratégie efficace pour diversifier votre portefeuille, protéger votre patrimoine contre l'inflation et la volatilité du marché, et potentiellement réaliser un rendement sur le long terme. Cependant, il est important de bien comprendre les risques associés et de faire vos propres recherches avant de vous lancer. Dans le prochain chapitre, nous examinerons plus en détail comment évaluer les entreprises minières d'or pour l'investissement.

CHAPITRE 7 :
LES RISQUES DE
L'INVESTISSEMENT
DANS L'OR

Si l'or est souvent considéré comme une valeur refuge en période d'instabilité économique et un outil efficace pour la diversification du portefeuille, il n'est pas exempt de risques. Dans ce chapitre, nous examinerons les principaux risques associés à l'investissement dans l'or et comment vous pouvez les gérer.

1. La volatilité des prix : Le prix de l'or peut être extrêmement volatile. Il est sujet à des fluctuations rapides et importantes qui peuvent être influencées par une variété de facteurs, y compris les conditions économiques mondiales, la politique monétaire des banques centrales, et la demande de consommation. Si vous investissez dans l'or à court terme, vous devez être prêt à faire face à cette volatilité.

2. Le risque de liquidité : Bien que l'or soit généralement un actif liquide, il peut y avoir des moments où la liquidité du marché est limitée. Cela peut rendre plus difficile la vente de votre or à un prix favorable en cas de besoin.

3. Le risque de stockage : Si vous choisissez d'investir dans l'or physique, vous devez prévoir un moyen sûr de le stocker. Le stockage de l'or peut entraîner des coûts supplémentaires, comme l'assurance, et il y a toujours le risque de vol.

4. Le risque de contrepartie : Si vous investissez dans l'or par le biais d'un contrat (comme un contrat à terme sur l'or ou un ETF), vous êtes exposé au risque de contrepartie. C'est le risque que la partie à l'autre bout du contrat ne soit pas en mesure de remplir ses obligations. Par exemple, si vous investissez dans un ETF sur l'or, vous dépendez de la capacité de l'émetteur de l'ETF à remplir ses obligations.

5. Le risque lié aux taux d'intérêt : L'or ne génère pas de rendement sous forme d'intérêts ou de dividendes, ce qui signifie que si les taux d'intérêt augmentent, les investisseurs pourraient être tentés de vendre leur or pour investir dans des actifs à rendement plus élevé.

6. Le risque de change : Comme le prix de l'or est généralement exprimé en dollars américains, si vous investissez dans l'or et que votre devise locale s'apprécie par rapport au dollar, la valeur de votre investissement en or peut diminuer.

En conclusion, bien que l'investissement dans l'or puisse offrir des avantages tels que la diversification du portefeuille et la protection contre l'inflation, il est important de comprendre et de gérer les risques associés. Un bon investisseur est un investisseur informé, et en comprenant les risques associés à l'investissement dans l'or, vous serez mieux préparé pour prendre des décisions d'investissement éclairées. Dans le prochain chapitre, nous discuterons de la façon de constituer un portefeuille d'investissement en or équilibré.

CHAPITRE 8: L'OR NUMÉRIQUE : COMPRENDRE LES CRYPTO-MONNAIES ADOSSÉES À L'OR

Avec l'essor de la technologie blockchain et des crypto-monnaies, une nouvelle forme d'investissement en or a vu le jour : l'or numérique. Les crypto-monnaies adossées à l'or, comme le Tether Gold (XAUT) ou le PAX Gold (PAXG), sont des tokens numériques dont chaque unité représente une certaine quantité d'or physique. Dans ce chapitre, nous allons explorer ce que sont ces crypto-monnaies adossées à l'or, comment elles fonctionnent, et ce qu'elles peuvent apporter à votre stratégie d'investissement.

Les crypto-monnaies adossées à l'or sont conçues pour combiner les avantages de l'or physique et de la technologie blockchain. Comme l'or physique, elles sont adossées à un actif tangible qui a une valeur intrinsèque. Mais comme les crypto-monnaies, elles sont facilement échangeables, divisibles et peuvent être stockées numériquement sans nécessiter de sécurité physique.

Voici comment fonctionnent généralement les crypto-monnaies adossées à l'or :

1. Emission : Une entreprise émet une crypto-monnaie adossée à l'or. Chaque token représente une certaine quantité d'or physique, généralement un gramme ou une once. L'entreprise conserve l'or physique dans un coffre sécurisé.

2. Achat : Les investisseurs achètent les tokens auprès de l'émetteur ou sur une plateforme d'échange de crypto-monnaies. L'achat des tokens est souvent réalisé en utilisant d'autres crypto-monnaies, comme le Bitcoin ou l'Ethereum.

3. Échange et conservation : Les tokens peuvent être échangés contre d'autres crypto-monnaies ou conservés comme investissement. Comme ils sont basés sur la technologie blockchain, ils peuvent être conservés dans un portefeuille numérique.

4. Rédemption : Si l'investisseur le souhaite, il peut généralement échanger ses tokens contre l'or physique correspondant.

Investir dans les crypto-monnaies adossées à l'or présente plusieurs avantages. Elles offrent la liquidité et la facilité d'échange des crypto-monnaies, tout en étant adossées à un actif tangible. Elles permettent également une divisibilité que l'or physique ne peut pas offrir - vous pouvez acheter une petite fraction d'un token si vous le souhaitez.

Cependant, il est important de noter que l'investissement dans les crypto-monnaies adossées à l'or comporte également des risques. Comme pour tout investissement en crypto-monnaie, il existe un risque de volatilité des prix, de piratage informatique et de perte de vos tokens si vous perdez l'accès à votre portefeuille numérique. De plus, vous devez faire confiance à l'émetteur du token pour qu'il conserve en toute sécurité l'or qui soutient votre investissement.

En conclusion, les crypto-monnaies adossées à l'or peuvent être un moyen intéressant d'investir dans l'or, en particulier pour ceux qui sont à l'aise avec la technologie blockchain et les crypto-monnaies. Cependant, comme pour tout investissement, il est important de comprendre les risques associés et de faire vos propres recherches avant de vous lancer. Dans le prochain chapitre, nous explorerons d'autres formes d'investissement numérique en or.

CHAPITRE 9: ÉVALUATION ET ANALYSE DE L'OR : COMMENT FAIRE UNE PRÉDICTION ÉCLAIRÉE

L'évaluation et l'analyse de l'or sont essentielles pour faire des prédictions éclairées sur la performance future de cet actif. Dans ce chapitre, nous allons passer en revue certaines des méthodes que vous pouvez utiliser pour analyser le marché de l'or, comprendre sa valeur et anticiper son évolution future.

1. Analyse fondamentale : L'analyse fondamentale consiste à étudier les facteurs économiques, politiques et sociaux qui peuvent influencer le prix de l'or. Cela comprend l'examen des conditions économiques mondiales, des politiques des banques centrales, des niveaux d'inflation, des crises géopolitiques et de la demande de consommation pour l'or. Par exemple, en période d'instabilité économique ou de taux d'intérêt bas, la demande pour l'or en tant que valeur refuge peut augmenter, ce qui peut faire monter son prix.

2. Analyse technique : L'analyse technique implique l'étude des mouvements passés des prix de l'or pour prédire leur comportement futur. Les analystes techniques utilisent une variété d'outils et d'indicateurs, comme les graphiques de prix, les tendances, les niveaux de support et de résistance, et les modèles de chandeliers pour faire leurs prédictions.

3. Évaluation par rapport à d'autres actifs : Une autre façon d'évaluer l'or est de le comparer à d'autres actifs. Par exemple, le ratio or/argent compare le prix de l'or à celui de l'argent. Si le ratio est élevé, cela pourrait indiquer que l'or est surévalué par rapport à l'argent, et vice versa. De même, le ratio Dow/gold compare le prix de l'or à l'indice Dow Jones Industrial Average pour évaluer si les actions ou l'or sont surévalués.

4. Analyse de la demande et de l'offre : Comprendre la dynamique de la demande et de l'offre peut également aider à évaluer l'or. Par exemple, si la demande d'or pour la bijouterie, l'investissement, et les utilisations industrielles est forte, mais que l'offre est limitée en raison de la réduction de la production minière, cela pourrait pousser les prix de l'or à la hausse.

Cependant, il est important de noter que, bien que ces méthodes puissent vous aider à faire des prédictions éclairées, il n'y a aucune garantie en matière d'investissement. Le prix de l'or est influencé par une multitude de facteurs, et la situation peut changer rapidement. Par conséquent, il est essentiel de rester informé, de faire vos propres recherches et d'être prêt à adapter votre stratégie d'investissement en fonction de l'évolution des conditions du marché.

En conclusion, l'évaluation et l'analyse de l'or sont des compétences cruciales pour tout investisseur dans l'or. Dans le prochain chapitre, nous explorerons comment créer un portefeuille d'investissement en or diversifié.

CHAPITRE 10:
LÉGISLATION ET
FISCALITÉ DE L'OR

La législation et la fiscalité de l'or sont des aspects importants que tout investisseur en or doit comprendre. Dans ce chapitre, nous passerons en revue les principales lois et réglementations qui gouvernent l'achat, la vente et la détention d'or, ainsi que les implications fiscales de ces transactions.

Il est important de noter que les lois et règlements concernant l'or peuvent varier d'un pays à l'autre. C'est pourquoi il est essentiel de se familiariser avec les lois locales et de consulter un conseiller financier ou juridique si nécessaire.

1. Achat et vente d'or : Dans de nombreux pays, l'achat et la vente d'or sont généralement autorisés. Cependant, il peut y avoir certaines restrictions ou exigences. Par exemple, dans certains pays, vous pouvez être tenu de fournir une pièce d'identité lors de l'achat d'or, ou il peut y avoir des limites sur la quantité d'or que vous pouvez acheter ou vendre à la fois.

2. Détention d'or : La détention d'or est généralement légale, mais il peut y avoir des restrictions sur la quantité d'or que vous

pouvez détenir ou sur la manière dont vous pouvez le stocker. Par exemple, certains pays peuvent exiger que l'or soit stocké dans un coffre sécurisé ou une institution financière agréée.

3. Fiscalité de l'or : Les gains provenant de la vente d'or sont généralement soumis à l'impôt sur le revenu ou à l'impôt sur les plus-values dans de nombreux pays. Le taux d'imposition et la manière dont les gains sont calculés peuvent varier. Par exemple, dans certains pays, vous pouvez être imposé sur la base de la différence entre le prix de vente et le prix d'achat de l'or. Dans d'autres pays, l'imposition peut dépendre de la durée pendant laquelle vous avez détenu l'or.

4. Or et TVA : Dans certains pays, l'achat d'or peut être soumis à la taxe sur la valeur ajoutée (TVA). Le taux de TVA et les types d'or qui sont soumis à cette taxe peuvent varier. Par exemple, dans certains pays, la TVA peut s'appliquer à l'achat d'or sous forme de bijoux, mais pas à l'achat d'or sous forme de barres ou de pièces d'investissement.

5. Transfert d'or à l'étranger : Si vous prévoyez de transférer de l'or à l'étranger, il peut y avoir des restrictions ou des obligations déclaratives. Par exemple, vous pouvez être tenu de déclarer le transport d'or à la douane si la valeur dépasse un certain montant.

En conclusion, la législation et la fiscalité de l'or sont des aspects clés de l'investissement dans l'or. Il est important de comprendre ces éléments afin de pouvoir planifier efficacement votre investissement et éviter toute surprise fiscale ou juridique. Dans le prochain chapitre, nous examinerons comment diversifier votre portefeuille d'investissement en or.

CHAPITRE 11: LA CONSERVATION ET L'ASSURANCE DE L'OR

La conservation et l'assurance de l'or sont des éléments essentiels de l'investissement en or. Après tout, si vous achetez de l'or physique, vous devez vous assurer qu'il est stocké en toute sécurité et que sa valeur est protégée. Dans ce chapitre, nous passerons en revue les différentes options pour le stockage de l'or et les facteurs à prendre en compte lors de la souscription d'une assurance pour votre or.

1. Stockage à domicile : Le stockage de l'or à domicile peut sembler une option attrayante pour certains investisseurs, car elle offre un accès immédiat et une certaine tranquillité d'esprit. Cependant, le stockage à domicile présente des risques importants. Non seulement il existe un risque de vol, mais votre or pourrait également être endommagé par des facteurs tels que l'incendie ou les inondations. Si vous choisissez de stocker de l'or à domicile, il est essentiel d'investir dans un coffre-fort de haute qualité et de s'assurer que votre or est correctement assuré.

2. Stockage en banque : Les coffres de banque sont une option de stockage plus sécurisée pour l'or. Ils offrent une protection physique de haut niveau et sont souvent assurés. Cependant, ils

peuvent également être coûteux et vous n'aurez pas un accès immédiat à votre or. De plus, dans certains pays, le contenu des coffres de banque n'est pas automatiquement assuré, vous devrez donc vérifier cette information avec votre banque.

3. Stockage privé : Les entreprises de stockage privé offrent des services de stockage d'or spécialisés. Ces installations offrent généralement des niveaux de sécurité élevés, une assurance intégrée et un accès à votre or sur demande. Cependant, les frais de ces services peuvent être élevés, il est donc important de les comparer avant de faire un choix.

4. Assurance de l'or : L'assurance de l'or est essentielle pour protéger la valeur de votre investissement. La plupart des polices d'assurance couvrent les pertes dues au vol, mais vous devez vérifier si elles couvrent également les dommages ou la perte due à d'autres facteurs, tels que les catastrophes naturelles. Il est également important de comprendre les conditions de votre assurance. Par exemple, certains assureurs pourraient exiger que votre or soit stocké dans un coffre-fort ou une installation de stockage approuvée.

En conclusion, la conservation et l'assurance de l'or sont des aspects importants de l'investissement dans l'or. Il est important de bien réfléchir à ces questions avant de faire un investissement et de veiller à ce que votre or soit stocké de manière sûre et assuré de manière adéquate. Dans le prochain chapitre, nous aborderons l'importance de la diversification de votre portefeuille d'investissement en or.

CHAPITRE 12: DIVERSIFICATION DE VOTRE PORTEFEUILLE D'INVESTISSEMENT

La diversification est une stratégie d'investissement essentielle pour gérer les risques et améliorer le potentiel de rendement de votre portefeuille. L'idée derrière la diversification est simple : "ne mettez pas tous vos œufs dans le même panier". Dans ce chapitre, nous examinerons comment vous pouvez diversifier votre portefeuille d'investissement en or.

1. Diversification par types d'or : L'une des façons de diversifier votre portefeuille d'or est d'investir dans différents types d'or. Par exemple, vous pouvez détenir une combinaison de pièces d'or, de lingots d'or, de bijoux en or, et d'actions d'entreprises minières d'or. Chacun de ces types d'or a ses propres avantages et inconvénients, et leur performance peut varier en fonction des conditions du marché.

2. Diversification géographique : La diversification géographique est une autre stratégie de diversification que vous pouvez utiliser. Cela signifie que vous investissez dans de l'or provenant de

différents pays ou régions. Par exemple, vous pouvez détenir des actions d'entreprises minières d'or basées en Amérique du Nord, en Australie, et en Afrique du Sud. Cela peut vous aider à réduire le risque associé à l'instabilité politique ou économique dans une région spécifique.

3. Diversification par classe d'actifs : La diversification par classe d'actifs signifie que vous détenez différents types d'investissements, pas seulement de l'or. Par exemple, vous pouvez avoir un portefeuille qui comprend de l'or, des actions, des obligations, des biens immobiliers et des liquidités. Cela peut vous aider à réduire le risque de votre portefeuille, car différentes classes d'actifs peuvent se comporter différemment en fonction des conditions du marché.

4. Diversification au sein des actions d'or : Si vous investissez dans des actions d'entreprises minières d'or, vous pouvez également diversifier en détenant des actions de plusieurs entreprises. Cela peut vous aider à réduire le risque associé à la performance d'une seule entreprise.

5. Diversification temporelle : La diversification temporelle, ou investissement à intervalles réguliers, signifie que vous investissez une somme d'argent fixe dans l'or à des intervalles réguliers, indépendamment du prix de l'or. Cela peut vous aider à réduire le risque de timing du marché, car vous achetez plus d'or lorsque les prix sont bas et moins d'or lorsque les prix sont élevés.

En conclusion, la diversification est une stratégie d'investissement clé pour la gestion du risque et la maximisation du potentiel de rendement de votre portefeuille. En diversifiant votre portefeuille d'investissement en or, vous pouvez réduire votre exposition au risque tout en bénéficiant du potentiel de rendement de différents types d'or, de différentes régions et classes d'actifs. Dans le prochain chapitre, nous examinerons comment gérer et réviser votre portefeuille d'investissement en or.

CHAPITRE 13: L'IMPACT DE LA POLITIQUE MONDIALE SUR LE MARCHÉ DE L'OR

L'or est souvent considéré comme un refuge en temps de crise, et pour une bonne raison. Les événements politiques mondiaux peuvent avoir un impact significatif sur le marché de l'or. Dans ce chapitre, nous examinerons comment la politique mondiale peut influencer le prix de l'or et comment vous pouvez naviguer dans ces eaux souvent turbulentes en tant qu'investisseur.

1. Guerres et conflits : Les conflits militaires et les guerres peuvent créer une instabilité économique et politique qui rend l'or attrayant en tant qu'investissement sûr. Lorsqu'une guerre éclate ou que les tensions militaires augmentent, les investisseurs peuvent se tourner vers l'or en tant que valeur refuge, ce qui peut faire monter les prix de l'or.

2. Politiques monétaires : Les décisions des banques centrales du monde entier concernant les taux d'intérêt et l'impression de

monnaie peuvent avoir un impact majeur sur le prix de l'or. En général, lorsque les taux d'intérêt sont bas et que l'impression de monnaie est élevée, cela peut affaiblir la valeur de la monnaie et rendre l'or plus attrayant en tant qu'investissement.

3. Élections et changements politiques : Les élections et les changements politiques peuvent également influencer le marché de l'or. L'incertitude entourant les élections et le potentiel de changement de politique peut inciter les investisseurs à se tourner vers l'or comme valeur refuge.

4. Sanctions et commerce : Les sanctions commerciales et les guerres commerciales peuvent perturber les marchés mondiaux et créer une instabilité économique. Cela peut, à son tour, augmenter la demande d'or et faire monter les prix. Par exemple, si un pays producteur d'or important est frappé de sanctions commerciales, cela pourrait perturber l'offre mondiale d'or et faire monter les prix.

5. Crises économiques et financières : Les crises économiques et financières, qu'elles soient causées par des bulles immobilières, des crises de la dette ou des récessions, peuvent également avoir un impact majeur sur le marché de l'or. Lors de ces crises, les investisseurs peuvent se tourner vers l'or en tant que valeur refuge, ce qui peut faire augmenter les prix de l'or.

En conclusion, la politique mondiale peut avoir un impact majeur sur le marché de l'or. En tant qu'investisseur, il est important de suivre attentivement les événements mondiaux et de comprendre comment ils peuvent influencer le prix de l'or. Cela peut vous aider à prendre des décisions d'investissement éclairées et à naviguer avec succès sur le marché de l'or. Dans le prochain chapitre, nous examinerons les différentes ressources que vous pouvez utiliser pour rester informé des tendances du marché de l'or.

CHAPITRE 14:
LE FUTUR DE
L'INVESTISSEMENT
DANS L'OR

L'investissement dans l'or a une longue histoire, mais comme tout autre secteur, il est en constante évolution. Dans ce chapitre, nous examinerons certaines des tendances qui pourraient façonner l'avenir de l'investissement dans l'or.

1. L'or numérique : L'une des tendances les plus intéressantes dans l'investissement en or est la montée de l'or numérique. Il s'agit de produits qui utilisent la technologie blockchain pour représenter la propriété de l'or physique. Cette tendance pourrait rendre l'investissement dans l'or plus accessible et plus facile pour les investisseurs particuliers.

2. L'impact des technologies disruptives : Les technologies disruptives, comme l'intelligence artificielle et le big data, ont le potentiel de transformer le marché de l'or. Par exemple, ces technologies pourraient être utilisées pour améliorer l'efficacité des opérations minières, ce qui pourrait réduire les coûts et augmenter l'offre d'or. Elles pourraient également être utilisées

pour améliorer la précision de l'analyse du marché de l'or, ce qui pourrait aider les investisseurs à prendre de meilleures décisions d'investissement.

3. Les défis environnementaux : L'industrie de l'or fait face à des défis environnementaux importants, notamment en ce qui concerne l'impact de l'extraction de l'or sur l'environnement. Ces défis pourraient avoir un impact sur l'offre future d'or et sur la perception publique de l'industrie de l'or. Cela pourrait, à son tour, influencer le marché de l'or.

4. L'évolution de la réglementation : La réglementation du marché de l'or est en constante évolution, et de nouvelles réglementations pourraient avoir un impact sur le marché de l'or à l'avenir. Par exemple, de nouvelles réglementations pourraient être introduites pour lutter contre le blanchiment d'argent et le financement du terrorisme, ce qui pourrait rendre l'investissement dans l'or plus complexe.

5. Les changements dans les modèles économiques mondiaux : Les changements dans les modèles économiques mondiaux, tels que la montée des pays en développement et les fluctuations des taux d'intérêt, pourraient également avoir un impact sur l'avenir de l'investissement dans l'or.

En conclusion, l'avenir de l'investissement dans l'or sera probablement influencé par un certain nombre de facteurs, y compris les innovations technologiques, les défis environnementaux, les changements réglementaires et les évolutions des modèles économiques mondiaux. En tant qu'investisseur, il est important de rester informé de ces tendances et de comprendre comment elles pourraient influencer le marché de l'or à l'avenir. Dans le prochain chapitre, nous conclurons en examinant comment vous pouvez utiliser les informations présentées dans ce livre pour élaborer votre propre stratégie d'investissement en or.

CHAPITRE 15: CAS D'ÉTUDE : SUCCÈS ET ÉCHECS DANS L'INVESTISSEMENT EN OR

Dans ce chapitre final, nous examinerons quelques cas d'étude qui illustrent à la fois les succès et les échecs de l'investissement en or. En étudiant ces exemples, vous pourrez tirer des leçons précieuses pour élaborer votre propre stratégie d'investissement en or.

Cas d'Étude 1 : Succès

John, un investisseur avisé, a investi dans l'or en 2008, juste avant la crise financière mondiale. Il avait anticipé l'instabilité économique et la volatilité des marchés et avait alloué une partie de son portefeuille à l'or. Au cours des années suivantes, alors que les marchés boursiers chutaient et que les investisseurs cherchaient des valeurs refuge, le prix de l'or a augmenté de manière significative. John a pu vendre une partie de son or à un prix élevé, réalisant ainsi un profit substantiel. Son investissement en or a été un succès car il a su prévoir et tirer parti des conditions économiques.

Cas d'Étude 2 : Échec

Jane, une investisseuse novice, a entendu parler des bénéfices de l'investissement en or et a décidé d'acheter de l'or physique sous forme de bijoux. Cependant, elle n'a pas fait suffisamment de recherches sur le marché de l'or ni sur les prix des bijoux. Elle a acheté des bijoux en or à un prix élevé, sans tenir compte des primes élevées appliquées par les détaillants. Lorsqu'elle a décidé de revendre ses bijoux, elle a découvert que leur valeur réelle était inférieure à ce qu'elle avait payé. Jane a subi une perte financière car elle n'a pas pris en compte les facteurs tels que les coûts supplémentaires et la valeur marchande réelle des bijoux.

Ces cas d'étude mettent en évidence l'importance de la recherche et de la compréhension du marché de l'or avant de faire un investissement. Voici quelques leçons que vous pouvez tirer de ces cas :

1. Faites des recherches approfondies : Avant d'investir dans l'or, il est crucial de faire des recherches approfondies sur le marché de l'or, les tendances historiques, les facteurs économiques qui l'influencent, et les différents types d'investissement en or disponibles.

2. Anticipez les conditions du marché : Essayez d'anticiper les conditions économiques et politiques qui pourraient influencer le prix de l'or. Par exemple, une crise économique imminente ou une instabilité politique accrue peuvent être des signaux pour investir dans l'or.

3. Diversifiez votre portefeuille : La diversification est essentielle

pour réduire les risques. En incluant l'or dans un portefeuille diversifié, vous pouvez limiter l'impact de la volatilité du marché.

4. Évaluez les coûts et la valeur réelle : Lorsque vous achetez de l'or, assurez-vous de prendre en compte les coûts supplémentaires tels que les primes, les frais de stockage et les frais de transaction. Évaluez également la valeur réelle de l'or que vous achetez, en vous basant sur les prix du marché.

5. Soyez patient et adaptable : L'investissement dans l'or peut connaître des fluctuations à court terme. Il est important d'être patient et d'avoir une vision à long terme. Soyez prêt à ajuster votre stratégie d'investissement en fonction des conditions changeantes du marché.

En conclusion, l'investissement en or peut être à la fois gratifiant et risqué. En tirant des leçons des cas d'étude présentés et en suivant les bonnes pratiques d'investissement, vous pouvez améliorer vos chances de réussite dans l'investissement en or. Continuez à vous informer, à faire des recherches et à ajuster votre stratégie en fonction des conditions du marché. Bonne chance dans votre parcours d'investissement en or !

CONCLUSION: RÉFLEXIONS FINALES SUR LES MEILLEURES TECHNIQUES POUR INVESTIR DANS L'OR

Dans ce livre, nous avons exploré divers aspects de l'investissement dans l'or, de sa signification historique à ses applications pratiques dans le monde moderne. Nous avons abordé des sujets tels que la compréhension de l'or, les raisons d'investir, les différentes méthodes d'achat, le marché de l'or, les stratégies d'investissement à court et à long terme, les risques associés, les crypto-monnaies adossées à l'or, la législation et la fiscalité, la conservation et l'assurance, l'évaluation et l'analyse, l'impact de la politique mondiale, le futur de l'investissement en or, et des cas d'étude de succès et d'échecs.

Au fil de ces chapitres, vous avez pu acquérir des connaissances essentielles pour vous aider à prendre des décisions d'investissement éclairées en matière d'or. Cependant, il est important de se rappeler que l'investissement en or n'est pas sans risques. Les marchés financiers sont soumis à la volatilité et les performances passées ne garantissent pas les résultats futurs. Il est donc crucial de faire preuve de prudence, de recherche et de réflexion lors de vos décisions d'investissement.

L'or est un actif unique en raison de ses caractéristiques intrinsèques, telles que sa valeur tangible, sa liquidité et son statut de valeur refuge. Il peut servir de diversificateur de portefeuille et offrir une protection contre l'inflation et l'incertitude économique. Cependant, chaque investisseur est différent et les meilleures techniques d'investissement en or peuvent varier en fonction de vos objectifs, de votre tolérance au risque et de votre horizon d'investissement.

Il est essentiel de se tenir informé des dernières tendances et développements sur le marché de l'or. Les conditions économiques, politiques et géopolitiques peuvent influencer le prix de l'or, ainsi que les avancées technologiques qui façonnent de nouvelles formes d'investissement en or. En gardant un œil sur ces facteurs, vous pouvez ajuster votre stratégie d'investissement en conséquence.

N'oubliez pas non plus l'importance de la diversification. En investissant dans une variété d'actifs, y compris l'or, vous pouvez réduire le risque global de votre portefeuille et maximiser les opportunités de rendement.

Enfin, n'oubliez pas de consulter des professionnels de l'investissement, tels que des conseillers financiers ou des experts en métaux précieux, pour vous guider dans votre parcours d'investissement en or. Leurs connaissances et leur expertise peuvent vous fournir des conseils personnalisés et vous aider à atteindre vos objectifs financiers.

En conclusion, l'investissement dans l'or peut offrir des avantages significatifs pour les investisseurs, mais il nécessite également une compréhension approfondie du marché et une approche réfléchie. En appliquant les meilleures techniques que vous avez apprises dans ce livre, vous pouvez vous positionner de manière plus informée et confiantedans votre parcours d'investissement en or.

Rappelez-vous que l'investissement est un processus continu. Restez informé des dernières nouvelles et évolutions dans le secteur de l'or. Révisez régulièrement votre portefeuille d'investissement et adaptez votre stratégie en fonction des conditions changeantes du marché.

En investissant dans l'or, vous pouvez ajouter une dimension précieuse à votre portefeuille et potentiellement protéger votre richesse sur le long terme. L'or a résisté à l'épreuve du temps en tant que valeur refuge et continue d'être recherché par les investisseurs du monde entier.

Nous espérons que ce livre vous a fourni les connaissances et les outils nécessaires pour entreprendre votre voyage d'investissement en or avec confiance. Souvenez-vous toujours de l'importance de la recherche, de la diversification et de la patience dans votre approche. Que votre parcours d'investissement en or soit fructueux et vous apporte la tranquillité d'esprit financière que vous recherchez.

Bon investissement en or !

www.ingramcontent.com/pod-product-compliance
Lightning Source LLC
Chambersburg PA
CBHW070859220526
45466CB00005B/2051